Conversational French Dialogues

50 French Conversations to Easily Improve Your Vocabulary & Become Fluent Faster

Conversational French Dual Language Books Vol. 1

Touri

https://touri.co/

ISBN: 978-1-953149-17-6

Copyright © 2020 by Touri Language Learning.
Second Paperback Edition: June 2020
First Paperback Edition: January 2019

All Right Reserved.

No part of this publication may be reproduced, stored in a retrieval system, or transmitted in any form or by any means, electronic, mechanical, photocopying, recording, or otherwise, without written permission of the publisher

Contents

Free Audiobooks 1
Resources 2
Free French Video Course 4
Introduction 5
Survival Phrases 10
1. Salutation Formelle – Formal Greeting 14
2. Salutation Informelle – Informal Greeting 16
3. Un Appel Téléphonique – A Telephone Call 18
4. Quelle Heure Est-Il ? – What Time Is It? 20
5. Tu Peux Le Répéter ? – Can You Say That Again? ... 22
6. Coincidences – Coincidences 24
7. Le Météo – The Weather 26
8. Commander De La Nourriture – Ordering Food 28
9. Consulter Le Médecin – Visiting The Doctor 30
10. Demander Des Directions – Asking For Directions ... 32
11. Appel Au Secours – Calling For Help 34
12. Achats – Shopping 36
13. Faire Des Courses – Running Errands 38
14. À La Poste – At The Post Office 40
15. L'examen – The Exam 42
16. Le Pull-Over Parfait – The Perfect Sweater 44
17. Taxi Ou Bus – Taxi Or Bus 46
18. Quel Âge Avez-Vous ? – How Old Are You? 48
19. Au Théâtre – At The Theater 50
20. Qu'est-Ce Que Tu Sais Faire ? – What Are You Good At Doing? 52
21. Quel Est Votre Sport Préféré ? – What Is Your Favorite Sport? 54

22. Aller Voir Une Comédie Musicale – Going To See A Musical 56
23. Prendre Des Vacances – Taking A Vacation...58
24. À L'animalerie – At The Pet Store 60
25. Exprimer Votre Opinion – Expressing Your Opinion 62
26. Loisirs – Hobbies 64
27. Le Mariage – The Wedding...66
28. Donner Des Conseils – Giving Advice 68
29. Enseignement Aux Enfants – Teaching Children.................................70
30. Plaisir Avec Le Tennis – Fun With Tennis 74
31. Vivre En Californie – Living In California 77
32. Saveur Boulangère – Baking Goodness 81
33. Aide Par Téléphone – Help Over The Phone 85
34. Allons À Un Concert – Let's Go To A Concert 89
35. Faire Des Plans – Making Plans...93
36. Pause Hivernale – Winter Break...95
37. Visite Chez Le Docteur – Visiting The Doctor 99
38. Le Marché – The Market... 103
39. Trouvons Un Appartement – Let's Get An Apartment 107
40. Le Stand De Concesssion – The Concesssion Stand....................... 111
41. Déjeuner – Lunchtime 115
42. La Recherche D'un Emploi – Searching For A Job............................ 119
43. Entretien D'emploi – Job Interview... 121
44. Faire Une Présentation – Giving A Presentation 125
45. Ceremonie Solemnelle – Graduation 127
46. Halloween – Halloween.. 129
47. Dans Un Hôtel – At A Hotel 131
48. Un Étudiant Étranger – A Foreign Student 134
49. Atermoiement – Procrastination... 136

50. Où Est Mon Frère – Where's My Brother 138
Conclusion 141
About the Author 142
Other Books By Touri 143
Free French Video Course... 146

Free Audiobooks

Touri has partnered with AudiobookRocket.com!

If you love audiobooks, here is your opportunity to get the NEWEST audiobooks completely FREE!

Thrillers, Fantasy, Young Adult, Kids, African-American Fiction, Women's Fiction, Sci-Fi, Comedy, Classics and many more genres!

Visit AudiobookRocket.com!

Resources

TOURI.CO

Some of the best ways to become fluent in a new language is through repetition, memorization and conversation. If you'd like to practice your newly learned vocabulary, Touri offers live fun and immersive 1-on-1 online language lessons with native instructors at nearly anytime of the day. For more information go to Touri.co now.

FACEBOOK GROUP
Learn Spanish - Touri Language Learning

Learn French - Touri Language Learning

YOUTUBE
Touri Language Learning Channel

ANDROID APP
Learn Spanish App for Beginners

BOOKS

FRENCH

French Short Stories for Beginners (Volume 1): 10 Exciting Short Stories to Easily Learn French & Improve Your Vocabulary

French Short Stories for Beginners (Volume 2): 10 Exciting Short Stories to Easily Learn French & Improve Your Vocabulary

SPANISH

Spanish Short Stories for Beginners (Volume 1): 10 Exciting Short Stories to Easily Learn Spanish & Improve Your Vocabulary

Spanish Short Stories for Beginners (Volume 2): 10 Exciting Short Stories to Easily Learn Spanish & Improve Your Vocabulary

Intermediate Spanish Short Stories (Volume 1): 10 Amazing Short Tales to Learn Spanish & Quickly Grow Your Vocabulary the Fun Way!

Intermediate Spanish Short Stories (Volume 2): 10 Amazing Short Tales to Learn Spanish & Quickly Grow Your Vocabulary the Fun Way!

Conversational Spanish Dialogues: 50 Spanish Conversations and Short Stories

100 Days of Real World Spanish: Useful Words & Phrases for All Levels to Help You Become Fluent Faster

100 Day Medical Spanish Challenge: Daily List of Relevant Medical Spanish Words & Phrases to Help You Become Fluent

ITALIAN

Conversational Italian Dialogues: 50 Italian Conversations and Short Stories

Free French Video Course

200+ words and phrases in audio
you can start using today!
Get it while it's available

https://touri.co/freefrenchvideocourse-french-dialogues/

INTRODUCTION

So you're ready to take the plunge and learn French? What an excellent choice you have made to expand your horizons and open more doors to opportunities in your life.

If this is your first time or a continuation of your French learning journey, we want you to know that we're proud of you. French is an incredible and beautiful language spoken by nearly 220 million individuals around the world. It is also taught in every country of the world, with an impressive 100 million students and 2 million teachers. 20% of whom are located outside of French-speaking countries. Interestingly enough, France is the most visited country in the world with 75 million tourists every year.

The ability to communicate in a foreign language will allow you to truly immerse yourself in different cultures, create even more memorable travel experiences and become more marketable for career opportunities.

It is human nature to naturally progress and learn from the day we are born. Since birth we have been shaping our preferences based on our previous experiences. These experiences have provided you important feedback about your likes, dislikes, what has made you better or worse and allowed you to learn from these lessons.

The same process should be taken to learn a language.

Our goal with this book is to provide engaging and fun learning material that is relevant and useful in the real French-speaking world. Some students are provided with difficult or boring language materials that cause the learner to become overwhelmed and give up shortly after.

Building a strong foundation of vocabulary is critical to your improvement and reaching fluency. We *guarantee* you that this book is packed with vocabulary and phrases that you can start using today.

What this book is About & How it Works

A sure-fire way to exponentially decrease your time to French fluency is to role play with key words and phrases that naturally occur in actual scenarios you experience on a daily basis.

This book has 50 examples of conversations, written in both French and English so you never feel lost in translation, and will ensure you boost your conversational skills quickly.

You will find each chapter different from the last as two or more characters interact in real life scenarios. You will soon learn how to ask for directions, send a package at the post office, call for help, introduce yourself and even order at a restaurant.

Sometimes a direct translation does not make sense in to and from each language. Therefore, we recommend that you read each story in both languages to ensure understanding what is taking place.

Tips for Success

No doubt you can pick up this book at anytime to reference a situation that you may be in. However, in order to get the most out of this book, there is an effective approach to yield the best results.

1. **Role-play:** Learning takes place when activities are engaging and memorable. Role-play is any speaking activity when you either put yourself into someone else's shoes, or when put yourself into an imaginary situation and act it out.
2. **Look up vocab:** At some points there may be a word or phrase that you don't understand and that's completely fine. As we mentioned before, some of the translations are not word-for-word in order for the conversations to remain realistic in each language. Therefore, we recommend that you look up anything that is not fully clear to you.
3. **Create your own conversations:** After going through all of the stories we invite you to create your own by modifying what you already read. Perhaps you order additional items while at a restaurant or maybe you have an entirely different conversation over the phone. Let your imagination run wild.
4. **Seek out more dialogues:** Don't let your learning stop here. We encourage you to practice in as many ways as possible. Referencing your newly learned phrases and vocabulary, you can test your comprehension with French movies and television shows. Practice, practice, practice will give you the boost to fluency.

Focus on building your foundation of words and phrases commonly used in the real world and we promise your results will be staggering! Now, go out into the world, speak with confidence and in no time native speakers will be amazed by your French speaking skills.

Good luck!

Survival Phrases

1. **Bonjour!** – Hello, good morning
2. **Quoi de neuf ?** – What's new?
3. **Merci beaucoup.** – Thank you very much.
4. **De rien.** – You're welcome.
5. **S'il vous plaît.** – Please.
6. **Oui** – Yes
7. **Non** – No
8. **Excusez-moi.** – Excuse me.
9. **Pardon.** – Pardon me.
10. **Excusez-moi!** – Sorry
11. **Je ne comprends pas.** – I don't understand.
12. **Je ne parle pas français.** – I don't speak French.
13. **Je ne parle pas très bien français.** – I don't speak French.
14. **Parlez-vous anglais?** – Do you speak English?
15. **Pourriez-vous parler plus lentement, s'il vous plaît?** – Could you speak more slowly, please?
16. **Pourriez-vous répéter, s'il vous plaît?** – Could you repeat (that), please?
17. **Comment vous appelez-vous?** – What's your name?
18. **Comment allez-vous?** – How are you?
19. **Où est le métro?** – Where is the subway?
20. **Est-ce que le service est compris?** – Is the tip included?
21. **Combien ça coûte?** – How much does that cost?

22. Y a-t-il un téléphone public ici? – *Is there a public phone here?*

23. Pouvez-vous m'aider, s'il vous plaît? – *Can you help me, please?*

24. Où sont les toilettes? – *Where is the bathroom?*

NUMBERS

1. ***un* –** one
2. ***deux*–** two
3. ***trois* –** three
4. ***quatre*–** four
5. ***cinq* –** five
6. ***six* –** six
7. ***sept* –** seven
8. ***huit* –** eight
9. ***neuf* –** nine
10. ***dix* –** ten
11. ***onze* –** eleven
12. ***douze* –** twelve
13. ***treize* –** thirteen
14. ***quatorze* –** fourteen
15. ***quinze* –** fifteen
16. ***seize* –** sixteen
17. ***dix-sept* –** seventeen
18. ***dix-huit* –** eighteen
19. ***dix-neuf* –** nineteen
20. ***vingt* –** twenty
21. ***trente* –** thirty
22. ***quarante* –** forty

23. *cinquante* – fifty

24. *soixante* – sixty

25. *soixante-neuf* – seventy

26. *quatre-vingts* – eighty

27. *quartre-vingt-dix* – ninety

28. *cent* – one hundred

1. Salutation Formelle – Formal Greeting

John : Bonjour, professeur Justin, comment vous allez ?

Professeur Justin : Bonjour, John. Je vais bien. Et vous ?

John : Je vais bien, merci. Voici mon amie Clarissa. Elle envisage de s'inscrire à cette université. Elle a quelques questions. Pourriez-vous nous en dire plus sur le processus, je vous prie ?

Professeur Justin : Bonjour, Clarissa ! C'est un plaisir de faire votre connaissance. Je suis plus qu'heureux de vous en parler. Passez à mon bureau la semaine prochaine.

Clarissa : C'est un plaisir de faire votre connaissance, professeur. Merci beaucoup de nous aider.

Professeur Justin : Bien sûr. J'espère pouvoir répondre à vos interrogations !

Formal Introduction

John: Good morning, Professor Justin, how are you doing?

Professor Justin: Good morning, John. I am doing well. And you?

John: I'm well, thank you. This is my friend Clarissa. She is thinking about applying to this university. She has a few questions. Would you mind telling us about the process, please?

Professor Justin: Hello, Clarissa! It's a pleasure to meet you. I'm more than happy to speak with you. Please stop by my office next week.

Clarissa: It's a pleasure to meet you, professor. Thank you so much for helping us.

Professor Justin: Of course. Hopefully, I will be able to answer your questions!

2. Salutation Informelle – Informal Greeting

Jeff : Qui est la grande femme à côté de Barbara ?

Charles : C'est son amie Mary. Tu ne l'as pas rencontrée à la fête de Steve ?

Jeff : Non, je n'étais pas à la fête de Steve.

Charles : Oh ! Alors laisse-moi te la présenter maintenant. Mary, voici mon ami Jeff.

Mary : Salut, Jeff. Enchanté de vous rencontrer.

Jeff : Toi aussi. Voulez-vous un verre ?

Mary : Bien sûr, allons en chercher un.

INFORMAL GREETING

Jeff: Who's the tall woman next to Barbara?

Charles: That's her friend Mary. Didn't you meet her at Steve's party?

Jeff: No, I wasn't at Steve's party.

Charles: Oh! Then let me introduce you to her now. Mary, this is my friend Jeff.

Mary: Hi, Jeff. Nice to meet you.

Jeff: You, too. Would you like a drink?

Mary: Sure, let's go get one.

3. Un Appel Téléphonique – A Telephone Call

John : Salut, Alice, c'est John. Comment allez-vous ?

Alice : Oh, salut, John ! Je pensais justement à vous.

John : C'est gentil. Je me demandais si tu aimerais aller au cinéma ce soir.

Alice : Bien sûr, j'adorerais ! Quel film voulez-vous voir ?

John : Je pensais à cette nouvelle comédie Éteindre les lumières. Qu'est-ce que t'en penses ?

Alice : Ça a l'air génial !

John : Ok, je passe te prendre vers 19h30. Le film commence à 20 h.

Alice : A tout à l'heure alors. Bye !

A Telephone call

John: Hi, Alice, it's John. How are you?

Alice: Oh, hi, John! I was just thinking about you.

John: That's nice. I was wondering if you'd like to go to a movie tonight.

Alice: Sure, I'd love to! Which movie do you want to see?

John: I was thinking about that new comedy *Turn Off the Lights.* What do you think?

Alice: Sounds great!

John: Ok, I'll pick you up around 7:30. The movie starts at 8:00.

Alice: See you then. Bye!

4. Quelle Heure Est-Il ? – What Time Is It?

Natasha : Quelle heure est-il ? On va être en retard !

Tony : Il est sept heures et quart. Nous sommes à l'heure. Ne paniquez pas.

Natasha : Mais je croyais qu'on devait être au restaurant à 19 h 30 pour la fête surprise. On n'y arrivera jamais avec toute cette circulation nocturne.

Tony : Je suis sûr que nous le ferons. L'heure de pointe est presque terminée. Bref, la fête commence à 20 h.

Mais j'ai besoin d'aide pour m'orienter. Pouvez-vous appeler le restaurant et leur demander où nous garons notre voiture ?

Natasha : Bien sûr.

What Time Is It?

Natasha: What time is it? We're going to be late!

Tony: It's a quarter after seven. We're on time. Don't panic.

Natasha: But I thought we had to be at the restaurant by 7:30 for the surprise party. We'll never make it there with all this evening traffic.

Tony: I'm sure we will. Rush hour is almost over. Anyway, the party starts at 8:00.

But I do need help with directions. Can you call the restaurant and ask them where we park our car?

Natasha: Of course.

5. Tu Peux Le Repeter ? – Can You Say That Again?

Luke : Bonjour ? Salut, Stephanie, comment ça va au bureau ?

Stephanie : Salut, Luke ! Comment allez-vous ? Pouvez-vous arrêter le magasin et prendre du papier supplémentaire pour l'imprimante ?

Luke : Qu'est-ce que t'as dit ? Pouvez-vous répéter, s'il vous plaît ? Tu as dit de prendre de l'encre pour l'imprimante ? Désolé, le téléphone est coupé.

Stephanie : Tu m'entends maintenant ? Non, j'ai besoin de plus de papier d'ordinateur. Ecoute, je t'enverrai exactement ce dont j'ai besoin. Merci, Luke. On se parle plus tard.

Luke : Merci, Stephanie. Désolé, mon téléphone est vraiment défectueux la réception ici.

Can You Say That Again?

Luke: Hello? Hi, Stephanie, how are things at the office?

Stephanie: Hi, Luke! How are you? Can you please stop by the store and pick up extra printer paper?

Luke: What did you say? Can you repeat that, please? Did you say to pick up ink for the printer? Sorry, the phone is cutting out.

Stephanie: Can you hear me now? No, I need more computer paper. Listen, I'll text you exactly what I need. Thanks, Luke. Talk to you later.

Luke: Thanks, Stephanie. Sorry, my phone has really bad reception here.

6. Coincidences – Coincidences

Meg: Eh bien, bonjour, Julia ! Ça fait longtemps qu'on ne s'est pas vus !

Julia : Meg ! Salut ! Quelle coïncidence ! Je ne t'ai pas vu depuis une éternité ! Qu'est-ce que tu fais ici ?

Meg: Je viens d'avoir un nouvel emploi en ville, alors j'achète des vêtements. Hé, que penses-tu de cette chemise ?

Julia : Hmmm.... Eh bien, tu sais combien j'aime le bleu. Tu vois ? J'ai la même chemise !

Meg : Tu as toujours eu bon goût ! Le monde est petit.

COINCIDENCES

Meg: Well, hello there, Julia! Long time no see!

Julia: Meg! Hi! What a coincidence! I haven't seen you in forever! What are you doing here?

Meg: I just got a new job in the city, so I'm shopping for some clothes. Hey, what do you think of this shirt?

Julia: Hmmm… Well, you know how much I love blue. See? I've got the same shirt!

Meg: You always did have good taste! What a small world.

7. Le Meteo – The Weather

Sally : Il gèle dehors ! Qu'est-il arrivé au bulletin météo ? Je croyais que ce front froid devait passer.

Gabriela : Oui, je le pensais aussi. C'est ce que j'ai lu sur Internet ce matin.

Sally : Je suppose que le refroidissement éolien fait vraiment baisser la température.

Gabriela : On peut rentrer ? J'ai l'impression que mes orteils commencent à s'engourdir.

The Weather

Sally: It's freezing outside! What happened to the weather report? I thought this cold front was supposed to pass.

Gabriela: Yeah, I thought so too. That's what I read online this morning.

Sally: I guess the wind chill is really driving down the temperature.

Gabriela: Can we go inside? I feel like my toes are starting to go numb.

8. Commander De La Nourriture – Ordering Food

Serveur : Bonjour, je serai votre serveur aujourd'hui. Je peux commencer par quelque chose à boire ?

Sean : Oui. Je voudrais du thé glacé, s'il vous plaît.

Anna : Et je prendrai de la limonade, s'il vous plaît.

Serveur : Ok. Êtes-vous prêt à commander ou avez-vous besoin de quelques minutes ?

Sean : Je pense que nous sommes prêts. Je prendrai la soupe aux tomates pour commencer, et le rôti de bœuf avec de la purée de pommes de terre et de petits pois.

Serveur : Comment voulez-vous que le bœuf soit rare, moyen ou bien cuit ?

Sean: Bien joué, s'il vous plaît.

Anna : Et je prendrai juste le poisson, avec des pommes de terre et une salade.

Ordering Food

Waiter: Hello, I'll be your waiter today. Can I start you off with something to drink?

Sean: Yes. I would like iced tea, please.

Anna: And I'll have lemonade., please.

Waiter: Ok. Are you ready to order, or do you need a few minutes?

Sean: I think we're ready. I'll have the tomato soup to start, and the roast beef with mashed potatoes and peas.

Waiter: How do you want the beef — rare, medium, or well done?

Sean: Well done, please.

Anna: And I'll just have the fish, with potatoes and a salad.

9. Consulter Le Médecin – Visiting The Doctor

Docteur : Quel est le problème ?

Cathy : Eh bien... J'ai une mauvaise toux et un mal de gorge. J'ai aussi mal à la tête.

Docteur : Depuis combien de temps avez-vous ces symptômes ?

Cathy : Environ trois jours maintenant. Et je suis vraiment fatiguée aussi.

Docteur : Hmm. On dirait que vous avez la grippe. Prenez de l'aspirine toutes les quatre heures et reposez-vous bien. Assurez-vous de boire beaucoup de liquides. Appelle-moi si tu es encore malade la semaine prochaine.

Cathy : D'accord, merci.

VISITING THE DOCTOR

Doctor: What seems to be the problem?

Cathy: Well… I have a bad cough and a sore throat. I also have a headache.

Doctor: How long have you had these symptoms?

Cathy: About three days now. And I'm really tired, too.

Doctor: Hmm. It sounds like you've got the flu. Take aspirin every four hours and get plenty of rest. Make sure you drink lots of fluids. Call me if you're still sick next week.

Cathy: Ok, thank you.

10. Demander Des Directions – Asking For Directions

Marc : Excusez-moi. Pouvez-vous me dire où se trouve la bibliothèque ?

Olivia : Oui, c'est par là. Vous allez à trois rues de Washington Street, puis tournez à droite. C'est au coin, en face de la banque.

Marc : Merci ! Je ne suis plus en ville depuis quelques jours, donc je ne sais pas encore comment m'y prendre.

Olivia: Oh, je sais ce que tu ressens. On a emménagé ici il y a un an, et je ne sais toujours pas où tout est !

ASKING FOR DIRECTIONS

Marc: Excuse me. Could you tell me where the library is?

Olivia: Yes, it's that way. You go three blocks to Washington Street, then turn right. It's on the corner, across from the bank.

Marc: Thanks! I've only been in town a few days, so I really don't know my way around yet.

Olivia: Oh, I know how you feel. We moved here a year ago, and I still don't know where everything is!

11. Appel Au Secours – Calling For Help

Peter : Hey ! Cette voiture vient de griller un feu rouge et a heurté ce camion !

Gail : Quelqu'un est blessé ?

Peter : Je ne sais pas.... Appelons le 911. ...Allô ? J'aimerais signaler un accident de voiture près du bureau de poste de Houston Street. On dirait qu'un homme est blessé. Oui, c'est arrivé comme ça. Ok, merci. Au revoir. Au revoir.

Gail : Qu'est-ce qu'ils ont dit ?

Peter : Ils vont envoyer une ambulance et une voiture de police tout de suite.

Gail : Bien, ils sont là. J'espère qu'il va bien.

Peter : Je sais, je sais. Tu dois être si prudent quand tu conduis.

CALLING FOR HELP

Peter: Hey! That car just ran a red light and hit that truck!

Gail: Is anyone hurt?

Peter: I don't know... let's call 911. ...Hello? I'd like to report a car accident near the post office on Houston Street. It looks like a man is hurt. Yes, it just happened. Ok, thanks. Bye.

Gail: What did they say?

Peter: They're going to send an ambulance and a police car right away.

Gail: Good, they're here. I hope the man is alright.

Peter: I know. You have to be so careful when you're driving.

12. Achats – Shopping

Louise : Hé, Julia... Regarde ces desserts ! Et si on faisait des cookies aujourd'hui ?

Julia : Hmm.... Ouais, c'est une super idée ! Pendant qu'on est là, ramassons les ingrédients.

Julia : Ok, de quoi avons-nous besoin ?

Louise : La recette demande de la farine, du sucre et du beurre. Oh, et on a aussi besoin d'œufs et de pépites de chocolat.

Julia : Pourquoi tu ne prends pas les ingrédients laitiers ? Vous les trouverez dans la section réfrigérée à l'arrière du magasin. Je vais chercher les ingrédients secs. Je crois qu'ils sont dans l'allée 10.

Louise : Super ! Rendez-vous à la caisse.

Julia : Ok. On se voit là-bas.

SHOPPING

Louise: Hey, Julia… Look at those desserts! How about baking some cookies today?

Julia: Hmm… Yeah, that's a great idea! While we're here, let's pick up the ingredients.

Julia: Ok, what do we need?

Louise: The recipe calls for flour, sugar and butter. Oh, and we also need eggs and chocolate chips.

Julia: Why don't you get the dairy ingredients? You'll find those in the refrigerated section in the back of the store. I'll get the dry ingredients. I believe they're in aisle 10.

Louise: Great! Let's meet at the checkout.

Julia: Ok. See you there.

13. Faire Des Courses – Running Errands

Réceptionniste de l'hôtel : Bonjour. En quoi puis-je vous aider ?

Claire : Je suis en visite en ville pour quelques jours, et j'ai besoin de faire des choses pendant que je suis ici.

Réceptionniste d'hôtel : Bien sûr. Qu'est-ce qu'il te faut ?

Claire : Je dois me faire couper les cheveux. J'ai aussi besoin que mon nouveau pantalon soit ourlé.

Réceptionniste d'hôtel : Ok. Voici une carte de la ville. Il y a un bon salon de coiffure ici, à un pâté de maisons d'ici. Et il y a un tailleur ici. Y a-t-il autre chose ?

Claire : Oui. Je dois faire réparer ma voiture avant de rentrer chez moi !

Réceptionniste d'hôtel : Pas de problème. Il y a un bon mécanicien à quelques rues d'ici.

Running Errands

Hotel receptionist: Hello there. How can I help you?

Claire: Well, I'm in town visiting for a few days, and I need to get some things done while I'm here.

Hotel receptionist: Sure. What do you need?

Claire: I need to get my hair cut. I also need to have my new pants hemmed.

Hotel receptionist: Ok. Here's a map of the city. There's a good hair salon here, which is just a block away. And there's a tailor right here. Is there anything else?

Claire: Yes. I'll need to get my car serviced before my long drive back home!

Hotel receptionist: No problem. There's a good mechanic a few blocks away.

14. À La Poste – At The Post Office

Employé de poste : Que puis-je faire pour vous aujourd'hui ?

Carol : Je dois poster ce paquet à New York, s'il vous plaît.

Employé de poste : Ok, voyons voir combien ça pèse…. C'est à peu près 5 livres. Si vous l'envoyez par courrier express, il sera là demain. Ou vous pouvez l'envoyer en priorité et il sera là d'ici samedi.

Carol : Samedi, c'est très bien. Combien ça fera ?

Employé de poste : 12,41 $. Vous avez besoin d'autre chose ?

Carol : Oh, ouais ! J'allais oublier. J'ai aussi besoin d'un carnet de timbres.

Employé de poste : Ok, votre total s'élève à 18,94 $.

At The Post Office

Postal clerk: What can I help you today?

Carol: I need to mail this package to New York, please.

Postal clerk: Ok, let's see how much it weighs… it's about five pounds. If you send it express, it will get there tomorrow. Or you can send it priority and it will get there by Saturday.

Carol: Saturday is fine. How much will that be?

Postal clerk: $12.41. Do you need anything else?

Carol: Oh, yeah! I almost forgot. I need a book of stamps, too.

Postal clerk: Ok, your total comes to $18.94.

15. L'examen – The Exam

Cheryl : Hey ! Comment s'est passé ton examen de physique ?

Frank : Pas mal, merci. Je suis contente que ce soit fini ! Et votre... comment s'est passée votre présentation ?

Cheryl : Oh, ça s'est très bien passé. Merci de m'avoir aidé !

Frank : Pas de problème. Alors.... Ça te dirait d'étudier demain pour notre examen de maths ?

Cheryl : Ouais, bien sûr ! Venez vers 10 h, après le petit-déjeuner.

Frank : D'accord, c'est bon. J'apporterai mes notes.

CATCHING UP

Cheryl: Hey! How did your physics exam go?

Frank: Not bad, thanks. I'm just glad it's over! How about your... how'd your presentation go?

Cheryl: Oh, it went really well. Thanks for helping me with it!

Frank: No problem. So... do you feel like studying tomorrow for our math exam?

Cheryl: Yeah, sure! Come over around 10:00 am, after breakfast.

Frank: All right. I'll bring my notes.

16. LE PULL-OVER PARFAIT – THE PERFECT SWEATER

Salesperson: Je peux vous aider ?

Gloria : Oui, je cherche un pull de taille moyenne.

Salesperson: Voyons voir…. en voici un beau blanc. Qu'est-ce que t'en penses ?

Gloria : Je pense que je préférerais l'avoir en bleu.

Salesperson: Ok…. voici du bleu, dans un médium. Voudriez-vous tu veux l'essayer ?

Gloria : Ok… oui, j'adore ça. Il s'adapte parfaitement. Combien ça coûte ?

Salesperson: C'est 41 $. Ça fera 50 $, taxes comprises.

Gloria: Parfait ! Je vais le prendre. Je vous remercie !

The Perfect Sweater

Salesperson: Can I help you?

Gloria: Yes, I'm looking for a sweater — in a size medium.

Salesperson: Let's see… here's a nice white one. What do you think?

Gloria: I think I'd rather have it in blue.

Salesperson: Ok … here's blue, in a medium. Would you like to try it on?

Gloria: Ok … yes, I love it. It fits perfectly. How much is it?

Salesperson: It's $41. It will be $50, with tax.

Gloria: Perfect! I'll take it. Thank you!

17. Taxi Ou Bus – Taxi Or Bus

Joyce : Devrions-nous prendre un taxi ou un bus pour aller au cinéma ?

Bill : Prenons un bus. C'est impossible de prendre un taxi aux heures de pointe.

Joyce : Ce n'est pas un arrêt de bus là-bas ?

Bill : Oui... Oh ! Il y a un bus maintenant. Il va falloir courir pour l'attraper.

Joyce : Oh, non ! On vient de le rater.

Bill : Pas de problème. Il y en aura un autre dans 10 minutes.

TAXI OR BUS

Joyce: Should we take a taxi or a bus to the movie theater?

Bill: Let's take a bus. It's impossible to get a taxi during rush hour.

Joyce: Isn't that a bus stop over there?

Bill: Yes... Oh! There's a bus now. We'll have to run to catch it.

Joyce: Oh, no! We just missed it.

Bill: No problem. There'll be another one in 10 minutes.

18. Quel Âge Avez-Vous ? – How Old Are You?

Gloria : Je suis vraiment excitée pour l'anniversaire surprise de tante Mary cet après-midi ! N'est-ce pas le cas ?

Nadia : Ouais ! Quel âge a-t-elle ?

Gloria : Elle aura 55 ans le 5 mai.

Nadia : Wow ! Je ne savais pas que ma mère était plus âgée - elle aura 58 ans le 9 octobre. Quoi qu'il en soit, tante Mary va être tellement surprise de nous voir tous ici !

Gloria : Je sais ! Mais nous devons encore préparer toute la nourriture avant qu'elle n'arrive... Ok ! Nous sommes tous prêts maintenant. Chut ! Elle est ici !

Tous : Surprise !

How Old Are You?

Gloria: I'm really excited for Aunt Mary's surprise birthday party this afternoon! Aren't you?

Nadia: Yeah! How old is she?

Gloria: She'll be 55 on May 5.

Nadia: Wow! I didn't know that my mom was older — she's going to be 58 on October 9. Anyway, Aunt Mary's going to be so surprised to see us all here!

Gloria: I know! But we still have to get all the food set up before she gets here ... Ok! We're all ready now. Shh! She's here!

All: Surprise!

19. Au Theatre – At The Theater

Bob : Nous aimerions deux billets pour le spectacle de 15h30, s'il vous plaît.

Vente de billets : Voilà pour vous. Profitez bien du film !

[A l'intérieur du théâtre]

Bob : Pourriez-vous vous en déplacer un, pour que mon ami et moi puissions-nous asseoir ensemble ?

Femme : Non, pas du tout.

Bob : Merci beaucoup !

At The Theater

Bob: We'd like two tickets for the 3:30 show, please.

Ticket sales: Here you go. Enjoy the movie!

[Inside the theater]

Bob: Would you mind moving over one, so my friend and I can sit together?

Woman: No, not at all.

Bob: Thank you so much!

20. Qu'est-ce Que Tu Sais Faire ? – What Are You Good At Doing?

Sandra : Alors.... qu'est-ce qu'on fait ?

Julie : Eh bien, j'aime faire de l'artisanat d'art, et je suis très douée pour ça dessin. Qu'est-ce que t'en penses ?

Sandra : Hmm... Pourquoi ne pas jouer à un jeu de société ? Ce serait plus amusant.

Julie : Ok, jouons au Scrabble ! Je suis très bon en orthographe aussi !

Sandra : Oh, ouais ? C'est ce qu'on va voir !

WHAT ARE YOU GOOD AT DOING?

Sandra: So … what should we do?

Julie: Well, I like to do arts and crafts, and I'm really good at drawing. What do you think?

Sandra: Hmm … how about playing a board game? That would be more fun.

Julie: Ok. Let's play Scrabble! I'm really good at spelling, too!

Sandra: Oh, yeah? We'll see about that!

21. Quel Est Votre Sport Prefere ? – What Is Your Favorite Sport?

Phil : A quelle heure est ce match de foot ? Je croyais que ça commençait à midi.

Jack : On a dû se tromper de moment. Oh, eh bien... le foot n'est pas mon sport préféré de toute façon. Je préfère de loin le basketball.

Phil : Oh, vraiment ? Je croyais que ton sport préféré était le tennis ! Je suis aussi un grand fan de basket-ball.

Jack : Que dirais-tu d'un jeu un de ces jours ?

Phil : Bien sûr que oui ! Et si on allait faire quelques paniers, puisque le match de foot n'est pas commencé ?

Jack : Excellente idée. Allons-y.

What Is Your Favorite Sport?

Phil: What time is that soccer game on? I thought it started at noon.

Jack: We must have had the wrong time. Oh, well ... soccer's not my favorite sport anyway. I much prefer basketball.

Phil: Oh, really? I thought your favorite sport was tennis! I'm a big fan of basketball, too.

Jack: How about a game sometime?

Phil: Sure thing! Why don't we go shoot some hoops now since the soccer game isn't on?

Jack: Excellent idea. Let's go.

22. Aller Voir Une Comedie Musicale – Going To See A Musical

Shannon : Quelle performance fantastique ! Merci de m'avoir invité à la comédie musicale.

Elena : Vous êtes la bienvenue. Je suis content que tu aies aimé le spectacle. La chorégraphie des danseurs était incroyable. Ça me rappelle l'époque où je dansais, il y a bien des années.

Shannon : Je sais ! Tu étais une ballerine si talentueuse. La danse te manque ?

Elena : Oh, c'est très gentil à vous, Shannon. Ça me manque parfois. Mais je serai toujours un fan des arts. C'est pourquoi j'adore aller aux comédies musicales parce que c'est la combinaison parfaite de la danse, de la chanson et du théâtre.

Shannon : Absolument ! Je suis content que tu sois toujours fan d'art aussi. Merci pour l'invitation. C'est toujours un plaisir d'assister à un événement artistique avec vous et d'apprendre quelque chose de nouveau.

Going To See A Musical

Shannon: What a fantastic performance! Thank you for inviting me to the musical.

Elena: You are welcome. I'm happy you enjoyed the show. The choreography of the dancers was incredible. It reminds me of when I used to dance many years ago.

Shannon: I know! You were such a talented ballerina. Do you miss dancing?

Elena: Oh, that's very kind of you, Shannon. I do miss it sometimes. But I will always be a fan of the arts. That's why I love going to musicals because it's the perfect combination of dance, song and theater.

Shannon: Absolutely! I'm glad you are still an art fan too. Thank you for the invitation. It's always a pleasure to attend an arts event with you and learn something new.

23. Prendre Des Vacances – Taking A Vacation

Julie : Je viens d'acheter un billet pour New York. Je suis si excitée de voir la ville !

Sophie : Tant mieux pour vous ! Voyager, c'est tellement amusant. J'aime découvrir de nouveaux endroits et de nouvelles personnes. Quand partez-vous ?

Julie : La semaine prochaine. Je prends l'œil rouge. C'était moins cher. J'espère pouvoir dormir dans l'avion.

Sophie : J'aimerais pouvoir venir avec toi ! New York est un endroit magique. Tu vas tellement t'amuser.

Julie : Je l'espère. Je vais rendre visite à mon frère qui vit là-bas. Je resterai une semaine, puis je prendrai le train pour Washington, DC.

Sophie : Ça a l'air d'être de super vacances. J'ai hâte de passer une semaine à la plage pour mes vacances d'été. Je veux juste me détendre.

TAKING A VACATION

Julie: I just bought a ticket to New York City. I'm so excited to see the city!

Sophie: Good for you! Traveling is so much fun. I love discovering new places and new people. When are you leaving?

Julie: Next week. I'm taking the red eye. It was cheaper. Hopefully, I'll be able to sleep on the plane.

Sophie: I wish I could go with you! New York City is a magical place. You will have so much fun.

Julie: I hope so. I'm going to visit my brother who lives there. I will stay for a week and then take the train down to Washington, DC

Sophie: That sounds like a great vacation. I'm looking forward to a week at the beach for my summer vacation. I just want to relax.

24. À L'animalerie – At The Pet Store

Connie : Quel beau chat ! Qu'est-ce que t'en penses ?

Gary : Je pense que je préférerais avoir un chien. Les chiens sont plus loyaux que les chats. Les chats sont juste paresseux.

Connie : Oui, mais ils ont besoin de tant d'attention ! Seriez-vous prêt à marcher tous les jours ? Et nettoyer après ?

Gary : Hmm. C'est un bon point. Et un oiseau ? Ou un poisson ?

Connie : Il faudrait investir beaucoup d'argent dans une cage ou un aquarium. Et honnêtement, je ne sais pas comment prendre soin d'un oiseau ou d'un poisson !

Gary : Eh bien, il est évident que nous ne sommes pas encore prêts à avoir un animal de compagnie.

Connie : Haha.... Ouais, tu as raison. Allons manger et en parler.

AT THE PET STORE

Connie: What a beautiful cat! What do you think?

Gary: I think I'd rather get a dog. Dogs are more loyal than cats. Cats are just lazy.

Connie: Yes, but they need so much attention! Would you be willing to walk it every single day? And clean up after it?

Gary: Hmm. Good point. What about a bird? Or a fish?

Connie: We'd have to invest a lot of money in a cage or a fish tank. And I honestly don't know how to take care of a bird or a fish!

Gary: Well, we're obviously not ready to get a pet yet.

Connie: Haha… Yeah, you're right. Let's get some food and talk about it.

25. Exprimer Votre Opinion – Expressing Your Opinion

Jake : Où devrions-nous prendre des vacances cette année ? Nous devons nous décider bientôt.

Melissa : Eh bien, j'aimerais aller dans un endroit chaud. Et la plage ? Ou on pourrait louer un chalet sur le lac.

Jake : Tu veux encore aller à la plage ? Je veux skier cet hiver. Nous pouvons faire des compromis et voyager dans les Rocheuses du Colorado en avril prochain ? Il y a de très belles stations de ski.

Melissa : Oh, on n'est jamais allés au Colorado avant ! Mais je ne sais pas s'il fera beau et chaud alors. Je dois d'abord faire quelques recherches. Cela m'aidera à prendre une décision.

Expressing Your Opinion

Jake: Where should we take a vacation this year? We need to decide soon.

Melissa: Well, I'd like to go somewhere warm. How about the beach? Or we could rent a cabin on the lake.

Jake: You want to go to the beach, again? I want to ski this winter. We can compromise and travel to the Rocky Mountains in Colorado next April? There are beautiful ski resorts there.

Melissa: Oh, we've never been to Colorado before! But I don't know if it will be sunny and warm then. I need to do some research first. That will help me make a decision.

26. Loisirs – Hobbies

Ryan : Je suis tellement heureux que cette semaine d'examens de mi-session soit terminée.

Tyler : Pareil ici. J'ai hâte de me détendre à la montagne ce week-end. J'ai prévu une petite randonnée dans les bois. Aussi, s'il fait beau, je vais faire du canoë-kayak sur la rivière.

Ryan : Oh, comme c'est amusant ! Je vais dans le Colorado. Je prends mon appareil photo parce que l'automne arrive vite. Les feuilles tournent déjà dans toutes les nuances de rouge et d'orange. Ce sera génial. Ce sera génial.

Tyler : La prochaine fois que tu y vas, je te rejoins. J'ai entendu dire que le Colorado est un endroit idéal pour faire du canoë.

HOBBIES

Ryan: I'm so happy this week of midterm exams is finished.

Tyler: Same here. I'm looking forward to relaxing in the mountains this weekend. I've planned a nice little hike in the woods. Also, if the weather is good, I'm going to go canoeing down the river.

Ryan: Oh, how fun! I'm going to Colorado. I'm taking my camera because fall is coming fast. The leaves are already turning shades of red and orange. It will be awesome.

Tyler: Next time you go there, I'll join you. I've heard Colorado is a great place to go canoeing.

27. Le Mariage – The Wedding

Angelica : La mariée n'est-elle pas magnifique dans cette robe de mariée ?

Maria : Oui. Elle est magnifique. Et le marié est si romantique.

Je viens d'entendre l'histoire de leurs fiançailles ! Il l'a demandée en mariage lors d'un dîner aux chandelles à Prague. C'est là qu'ils allaient à l'école.

Angelica : Oh ouais ? Merveilleux. Et la lune de miel ! Quelle bonne idée ! La plupart des gens vont à la plage pendant une semaine après avoir fait le nœud. Je pense que c'est une idée tellement ennuyeuse. Au lieu de cela, ils prévoient d'aller en Californie et de parcourir la côte en moto.

Maria : Vraiment ! Quelle idée fantastique. C'est de loin le meilleur mariage auquel j'ai jamais assisté de ma vie !

The Wedding

Angelica: Doesn't the bride look beautiful in that wedding dress?

Maria: Yes. She looks amazing. And the groom is such a romantic.

I just heard the story of how they got engaged! He proposed to her during a candlelight dinner in Prague. That was where they went to school.

Angelica: Oh yea? Wonderful. And the honeymoon! What a great idea! Most people just go to the beach for a week after they tie the knot. I think that's such a boring idea. Instead, they plan on going to California and cruising the coast on their motorcycle.

Maria: Really! What a fantastic idea. This is by far the best wedding I've ever been to in my life!

28. Donner Des Conseils – Giving Advice

Layla : Merci de me rencontrer à l'heure du déjeuner. Je vous en suis reconnaissant.

Monica : Pas de problème. Je suis heureux de vous aider. Qu'est-ce qui se passe ?

Layla : Oh tu sais, comme d'habitude. Je dois me décider bientôt.... Dois-je prendre ce nouveau travail ? Ou est-ce que je m'en tiens à l'actuelle ?

Monica : Je pense qu'il est temps de changer, pas toi ? Ils vous payent en retard et vous êtes malheureux. C'est plus qu'assez de raisons pour quitter votre emploi.

Layla : Vous le pensez vraiment ?

Monica : Je le sais. Et ça fait plus d'un an que je t'entends te plaindre. Fais-moi confiance. Acceptez le poste. Qu'est-ce que tu as à perdre ?

Layla : Ok, tu m'as convaincu. Tu m'as toujours donné les meilleurs conseils.

GIVING ADVICE

Layla: Thanks for meeting with me during your lunch hour. I appreciate it.

Monica: No problem. I'm happy to help. What's happening?

Layla: Oh you know, the usual. I have to decide soon… Should I take this new job? Or do I stick with my current one?

Monica: Well, I think it's time for a change, don't you? They pay you late and you are unhappy. That's more than enough reasons to quit your job.

Layla: Do you really think so?

Monica: I know so. And I've been listening to you complain for over a year now. Trust me. Take the job. What do you have to lose?

Layla: Ok, you convinced me. You have always given me the best advice.

29. Enseignement Aux Enfants – Teaching Children

Sam : Salut Jack, comment était ta journée ?

Jack : Salut Sam, où étais-tu passé ? Je t'ai cherchée partout.

Sam : Tu ne vas pas croire l'expérience intéressante que je viens de vivre. J'ai passé toute la journée avec une tonne d'enfants !

Jack : Ça a l'air amusant. Dites-m'en plus.

Sam : Oui, c'était un grand moment.... mais c'était tellement épuisant ! Je ne savais pas que les enfants ont autant d'énergie.

Jack : Où as-tu rencontré tous ces enfants ?

Sam : A l'école primaire de Chicago. J'ai eu l'occasion de visiter certains de leurs cours le matin. Ensuite, je leur ai enseigné un peu d'anglais de base avec des jeux de mots l'après-midi.

Jack : Je suis sûr que l'anglais était probablement très difficile pour eux.

Sam : Étonnamment, ils étaient tous très désireux d'apprendre. Honnêtement, j'ai été impressionné.

Jack : C'est super. Qu'avez-vous fini par leur apprendre ?

Sam : Les enfants adorent répéter les choses à voix haute ! Parfois, j'ai crié les phrases, et ils m'ont répondu. J'ai chuchoté, et ils m'ont répondu. C'était tellement amusant !

Jack : Tu sais, quand j'étais étudiant étranger, nous n'avions jamais eu de cours d'anglais comme ça. Je suis heureuse que les enfants aient vécu une expérience si extraordinaire.

TEACHING CHILDREN

Sam: Hi Jack, how was your day?

Jack: Hi Sam, where have you been? I've been looking for you.

Sam: You won't believe the interesting experience I just had. I spent the whole day with a ton of children!

Jack: That sounds like fun. Tell me more.

Sam: Yes, it was a great time... but it was so exhausting! I didn't realize that kids have so much energy.

Jack: Where did you meet all these kids?

Sam: At the elementary school in Chicago. I had an opportunity to visit some of their classes in the morning. After that I taught them some basic English with word games in the afternoon.

Jack: I'm sure English was probably very difficult for them.

Sam: Surprisingly, they were all very eager to learn. Honestly, I was impressed.

Jack: That's great. What did you end up teaching them?

Sam: The kids love to repeat things out loud! Sometimes I yelled out the sentences, and they yelled back at me. I whispered, and they whispered back. It was so much fun!

Jack: You know, when I was a foreign exchange student, we never had English lessons like that. It makes me happy the children had such a wonderful experience.

30. Plaisir Avec Le Tennis – Fun With Tennis

Alma : Sebastian, tu peux me montrer comment tenir la raquette ?

Sebastian : Bien sûr Alma, c'est comme quand on se serre la main. Tendez la main comme si vous alliez me serrer la main....

Alma : Juste comme ça ?

Sebastian : Oui, juste comme ça. Maintenant, mets la raquette dans ta main, comme ça.

Alma : Maintenant, je suis prêt à frapper la balle comme un professionnel !

Sebastian : Haha, presque ! Souviens-toi de ce que je t'ai dit. Il n'y a que deux types de balançoires, le coup droit et le revers.

Alma : Ok, je me souviens. Tu as dit que frapper un coup droit, en commençant à ma droite, c'est comme frapper une balle de ping-pong.

Sebastian : C'est vrai, c'est vrai. Essayez maintenant. Vous êtes prêts ? Frappe ça !

Alma : Oups ! Je l'ai complètement raté !

Sebastian : C'est bon, réessayez.

Alma : Oh, je vois. Laissez-moi réessayer....

Sebastian : Voici une autre balle.... Wow ! Tu l'as frappé par-dessus la clôture ! Vous êtes une femme très puissante.

Alma : Hahaha. Je suppose que j'ai besoin de m'entraîner plus !

Fun With Tennis

Alma: Sebastian, could you show me how to hold the racket?

Sebastian: Sure Alma, it's just like when we shake hands. Hold your hand out as if you were about to shake my hand...

Alma: Just like this?

Sebastian: Yes, just like that. Now, put the racket in your hand, like this.

Alma: Now I'm ready to hit the ball like a professional!

Sebastian: Haha, almost! Remember what I told you. There are only two types of swings, the forehand and the backhand.

Alma: Ok, I remember. You said hitting a forehand, starting on my right, is like hitting a ping pong ball.

Sebastian: That's right. Give it a try now. Are you ready? Hit this!

Alma: Oops! I completely missed it!

Sebastian: That's alright, try again.

Alma: Oh, I see. Let me try again...

Sebastian: Here comes another ball... Wow! You hit it over the fence! You're a very powerful lady.

Alma: Haha. I guess I need to practice more!

31. Vivre En Californie – Living In California

Jessica : Il fait si froid ce matin.

Tatiana : C'est certainement le cas. Tôt ce matin, j'ai dû pulvériser le pare-brise de ma voiture parce qu'il était couvert de givre.

Jessica : Je n'aurais jamais pensé qu'il pouvait faire aussi froid début décembre, surtout en Californie.

Tatiana : Je sais, je sais. La température était de 40 degrés Fahrenheit quand je me suis réveillé ce matin. J'étais gelé dès que je suis sorti du lit. Le temps froid n'a pas été une bonne surprise.

Jessica : Je ne me souviens pas quand il faisait si froid en décembre.

Tatiana : Le pire, c'est qu'il va pleuvoir cet après-midi. Il va faire froid et humide !

Jessica : Beurk ! Il va pleuvoir cet après-midi ?

Tatiana : Pas seulement cet après-midi, mais aussi le reste de la semaine. Les nouvelles ont dit qu'il commencerait à pleuvoir un peu avant midi et qu'il pleuvrait très fort à quatre heures.

Jessica : Je suppose qu'il n'y a aucun signe de meilleur temps cette semaine ?

Tatiana : Il y a peu de chance que le soleil brille d'ici samedi. Cependant, il y aura du brouillard, du vent et de la pluie avant le lever du soleil ce week-end.

Jessica : Je suis contente qu'il pleuve même si je n'aime pas la pluie. Nous avons une saison très sèche depuis le début de l'année.

Tatiana : Oui, je me souviens à peine quand il a plu la dernière fois. Tant qu'il n'y a pas de tonnerre ou d'éclairs, je peux le supporter.

Jessica : Il y a rarement du tonnerre ou des éclairs en Californie.

Tatiana : Nous sommes très chanceux que la Californie ait l'une des meilleures conditions météorologiques en Amérique.

Jessica : Tu as raison, il y a des endroits pires où on pourrait vivre. Très bien, le cours commence tout de suite, alors à plus tard.

Tatiana : A tout à l'heure.

Living In California

Jessica: It is so chilly this morning.

Tatiana: It certainly is. Early this morning I had to spray my car's windshield because it was covered with frost.

Jessica: I never would have thought it could be this cold in early December, especially in California.

Tatiana: I know. The temperature was 40 degrees Fahrenheit when I woke up this morning. I was freezing as soon as I got out of bed. The cold weather was definitely not a nice surprise.

Jessica: I can't remember when it was actually this cold in December.

Tatiana: What's worse is that it's going to rain this afternoon. It's going to be cold and wet!

Jessica: Yuck! It's going to rain this afternoon?

Tatiana: Not just this afternoon, but also the entire rest of the week. The news said that it would start to drizzle just before noon, and then it would rain really hard by four o'clock.

Jessica: I'm guessing there's no sign of better weather this week?

Tatiana: There is a slim chance of sunshine by Saturday. However, it will be foggy, windy, and rainy before the sun comes out this weekend.

Jessica: I am glad that it rains even though I do not like rainy weather. We have a very dry season so far this year.

Tatiana: Yes, I can hardly remember when it rained last time. Well, as long as there is no thunder or lightning, I can stand it.

Jessica: We rarely have thunder or lightning in California.

Tatiana: We are very lucky that California has one of the best weather conditions in America.

Jessica: You are right, there are worse places we could be living. Alright, class is starting right now so I'll see you later.

Tatiana: See you later.

32. Saveur Boulangere – Baking Goodness

Chelsea : Maman, qu'est-ce que tu cuisines ? Ça sent tellement bon.

Mme Kelly : Je fais des gâteaux. C'est ton gâteau aux carottes préféré.

Chelsea : Ça a l'air délicieux. Et je vois des muffins là-bas aussi. Vous avez été occupé, n'est-ce pas ?

Mme Kelly : Oui. Donovan doit en emmener à une fête d'anniversaire demain. Donc, ces muffins sont juste pour lui. Ne les mangez pas.

Chelsea : Je peux avoir un morceau de gâteau aux carottes ? Je veux profiter de la vie maintenant.

Mme Kelly : Tu ne veux pas attendre après le dîner ?

Chelsea : Le gâteau m'appelle : "Chelsea, mange-moi... mange-moi... mange-moi..." Non, je ne veux pas attendre. Je peux, maman ?

Mme Kelly : Ha ha ha... Ok, vas-y.

Chelsea : Miam ! Qu'est-ce qu'on mange ce soir ?

Mme Kelly : Je vais faire un rôti de bœuf et une soupe à la crème de champignons.

Chelsea : Ça fait longtemps que tu n'as pas fait de soupe à la crème de champignons. Tu as besoin d'aide, maman ?

Mme Kelly : Non, va faire tes devoirs et laisse-moi faire la cuisine.

Chelsea : Merci, maman. Appelle-moi dès que le dîner est prêt. Je ne veux pas être en retard pour le rôti de bœuf, la crème de champignons, le gâteau aux carottes et les muffins.

Mme Kelly : Les muffins sont pour Daniel. Ne les touchez pas !

Chelsea : Je sais, maman. Je plaisante, c'est tout.

BAKING GOODNESS

Chelsea: Mom, what are you cooking? It smells so good.

Mrs. Kelly: I am baking cakes. This is your favorite carrot cake.

Chelsea: It looks scrumptious. And I see muffins some over there too. You have been busy, haven't you?

Mrs. Kelly: Yes. Donovan has to take some to a birthday party tomorrow. So, those muffins are just for him. Don't eat them.

Chelsea: Can I have a piece of carrot cake? I want to enjoy life right now.

Mrs. Kelly: You don't want to wait until after dinner?

Chelsea: The cake is calling my name, "Chelsea, eat me... eat me..." No, I don't want to wait. Can I, mom?

Mrs. Kelly: Ha ha... Ok, go ahead.

Chelsea: Yum! So what's for dinner tonight?

Mrs. Kelly: I will make roast beef and cream of mushroom soup.

Chelsea: It has been a long time since you made cream of mushroom soup. Do you need any help, mom?

Mrs. Kelly: No, go do your homework and leave the cooking to me.

Chelsea: Thanks, mom. Call me whenever dinner is ready. I do not want to be late for roast beef, cream of mushroom soup, carrot cake and muffins.

Mrs. Kelly: The muffins are for Daniel. Do not touch them!

Chelsea: I know, mom. I'm just kidding.

33. Aide Par Telephone – Help Over The Phone

Gigi : Merci d'avoir appelé le Centre de Loisirs Sportifs. En quoi puis-je vous aider ?

Colette : J'ai acheté un vélo d'exercice dans votre magasin il y a quelques mois, et j'ai des problèmes avec lui. Il a cessé de fonctionner et j'ai besoin de le faire réparer.

Gigi : Laissez-moi vous mettre en relation avec le département de service. Un instant, s'il vous plaît.

Angela : Service après-vente, c'est Angela. En quoi puis-je vous aider ?

Colette : J'ai acheté un vélo d'exercice au Sports Center l'an dernier et il a besoin d'être réparé.

Angela : Quel est le problème ?

Colette : Je ne suis pas ce qui s'est passé, mais l'écran de l'ordinateur est noir et ne s'allume plus.

Angela : Avez-vous essayé d'appuyer sur le bouton Start ?

Colette : Oui, et rien ne s'allume.

Angela : Quel est votre modèle de vélo ?

Colette : C'est un Skull Crusher 420Z+, c'est celui avec le panier vraiment cool à l'avant.

Angela : Je peux envoyer un technicien jeter un coup d'oeil à votre moto. Il en coûtera 5,000.00 $ pour la main-d'œuvre. De plus, si nous devons remplacer des pièces, ce sera plus cher. Ça a l'air d'un marché ?

Colette : Cela coûte cher. Les frais de réparation ne sont-ils pas couverts par la garantie ?

Angela : Quand avez-vous acheté votre vélo ?

Colette : Il y a environ 3 mois.

Angela : Je suis désolée. La garantie standard ne couvre qu'un mois. Avez-vous acheté une garantie supplémentaire au moment de l'achat ?

Colette : Non, je ne l'ai pas fait. Y a-t-il d'autres options que de payer 5 000 $ pour la main-d'œuvre de réparation ?

Angela : Non, j'ai bien peur que non.

Colette: Merde.

Help Over The Phone

Gigi: Thank you for calling Sports Recreation Center. How may I help you?

Colette: I purchased an exercise bike from your store a couple months ago, and I am having problems with it. It stopped working and I need to have it repaired.

Gigi: Let me connect you to the Service department. One moment please.

Angela: Service department, this is Angela. How can I help you?

Colette: I bought an exercise bike from Sports Center last year and it needs to be repaired.

Angela: What seems to be the problem?

Colette: I am not what happened, but the computer screen is black and doesn't turn on anymore.

Angela: Did you try to press the Start button?

Colette: Yes, and nothing turns on.

Angela: What is your bike model?

Colette: It is a Skull Crusher 420Z+, it's the one with the really cool basket in the front.

Angela: I can send a technician out to take a look at your bike. It will cost $5,000.00 for labor. Also, if we have to replace any parts, that will be extra. Sound like a deal?

Colette: That is expensive. Isn't the repair cost covered by warranty?

Angela: When did you purchase your bike?

Colette: About 3 months ago.

Angela: I am sorry. The standard warranty only covers 1 month. Did you buy extra warranty coverage at the time of purchase?

Colette: No, I did not. Are there any other options besides paying $5,000.00 for repair labor?

Angela: No, I am afraid not.

Colette: Darn it.

34. Allons À Un Concert – Let's Go To A Concert

Keith : Hey Danielle, Simon, il y a un concert dans le parc ce soir avec un super alignement. Tu veux y aller ?

Danielle : Je ne travaille pas ce soir donc je peux vraiment y aller.

Simon : Moi aussi, allons-y !

Danielle : Il y a une tonne de voitures ce soir...

Simon : Oui, pourquoi la circulation est-elle si dense ?

Keith : Les gens se dirigent probablement vers le parc pour le concert. C'est un groupe très populaire et ils jouent de la très bonne musique.

Danielle : Oui, c'est vrai. Depuis quatre ans, je n'ai jamais manqué un de leurs concerts. Chaque fois que je découvre que le groupe vient en ville, j'achète un billet tout de suite.

Simon : Depuis combien de temps le groupe a-t-il commencé à jouer ici localement ?

Danielle : Ils ont commencé une tradition il y a six ans et maintenant chaque année ils jouent toute la première semaine de juin.

Keith : Simon, tu vas vraiment apprécier cette soirée. Il y aura de la bonne musique, beaucoup de sauts, et certainement beaucoup de cris. Ils peuvent même avoir une fosse.

Simon : J'ai hâte, ça a l'air très amusant.

Danielle : Ma préférée est la musique rap de gangster, mais je dois dire que la musique country peut être agréable à écouter. Étonnamment, je peux l'écouter toute la journée.

Keith : Simon, quel genre de musique aimes-tu ?

Simon : Oh, j'aime toutes sortes de musiques tant qu'elles ne sont pas agressives.

Danielle : Wow, le stade est plein de monde ! Je suis surpris du nombre de personnes qui se sont déjà présentées au concert. C'est une bonne chose que nous soyons déjà là !

Let's Go To A Concert

Keith: Hey Danielle, Simon, there is a concert in the park tonight with a great line up. Do you want to go?

Danielle: I don't work tonight so I can definitely go.

Simon: Me too, let's go!

Danielle: There's a ton of cars out tonight…

Simon: Yea, why is the traffic so heavy?

Keith: People are probably heading toward the park for the concert. It's a very popular band and they play really good music.

Danielle: Yes, they do. For the last four years, I have never missed one of their concerts. Every time I find out that the band is coming to town I buy a ticket right away.

Simon: How long ago did the band start playing here locally?

Danielle: They started a tradition six years ago and now every year they play the whole first week of June.

Keith: Simon, you are really going to enjoy this evening. There will be good great music, a lot of jumping around, and definitely a lot of shouting. They may even have a mosh pit.

Simon: I can't wait, it sounds like a lot fun.

Danielle: My favorite is gangster rap music; however, I have to say that country music can be pleasant to listen to. Surprisingly, I can listen to it all day long.

Keith: Simon, what kind of music do you like?

Simon: Oh, I like all kinds of music as long as it is not aggressive.

Danielle: Wow, the stadium is packed with people! I'm surprised at the number of people who have already shown up for the concert. It's a good thing we're here already!

35. Faire Des Plans – Making Plans

Connie : Lisa, dis-moi.... Quels sont tes plans pour le week-end prochain ?

Lisa : Je ne sais pas. Tu veux qu'on se voie et qu'on fasse quelque chose ?

Sarah: Que penses-tu d'aller voir un film? AMC 24 montre "*If You Leave Me, I Delete You.*"

Connie : J'avais envie de voir ça ! C'est comme si tu lisais dans mes pensées. Tu veux qu'on aille dîner ensemble avant ?

Sarah : C'est bon pour moi. Où voulez-vous qu'on se retrouve ?

Lisa : Retrouvons-nous à la Maison du Coq Rouge. Ça fait un moment que je n'y suis pas allé.

Connie : Encore une bonne idée. J'ai entendu dire qu'ils venaient de sortir une nouvelle pâte. Ça devrait être bon parce que Red Rooster House a toujours la meilleure cuisine italienne de la ville.

Sarah : Quand est-ce qu'on se voit ?

Lisa : Eh bien, le film passe à 13h00, 14h00, 16h00 et 18h00.

Connie : Pourquoi n'irions-nous pas au spectacle de 16h ? On peut se retrouver à la Maison du Coq Rouge à 13h. Cela nous donnera assez de temps.

MAKING PLANS

Connie: Lisa, tell me... What are your plans for this upcoming weekend?

Lisa: I don't know. Do you want to get together and do something?

Sarah: How do you feel about going to see a movie? AMC 24 is showing *If You Leave Me, I Delete You.*

Connie: I've been wanting to see that! It's like you read my mind. Do you want to go out to dinner beforehand?

Sarah: That's fine with me. Where do you want to meet?

Lisa: Let's meet at the Red Rooster House. It's been a while since I've been there.

Connie: Good idea again. I heard they just came out with a new pasta. It should be good because Red Rooster House always has the best Italian food in town.

Sarah: When should we meet?

Lisa: Well, the movie is showing at 1:00PM, 2:00PM, 4:00PM and 6:00PM.

Connie: Why don't we go to the 4:00PM show? We can meet at Red Rooster House at 1PM. That will give us enough time.

36. Pause Hivernale – Winter Break

Trent : Hey Jared, si tu es prêt à aller jeter toutes tes affaires dans le coffre et monter sur le siège avant.

Jared : D'accord, Trent. Merci de m'avoir raccompagnée. D'habitude, mes parents viennent me chercher, mais ils ont dû travailler tard ce soir.

Trent : Pas de soucis, je suis content d'avoir pu aider.

Jared : Au fait, quand est notre prochain match de basket ?

Trent : C'est un peu après les vacances d'hiver, mais de toute façon, c'est dans longtemps. As-tu fait des plans pour la pause ?

Jared : Pas vraiment. A part aller à l'entraînement de basket, je vais juste travailler.

Trent : Travailler ? Avez-vous trouvé un nouvel emploi ou travaillez-vous toujours chez Twisters ?

Jared : Eh bien, Twisters a été un bon premier emploi et les gens étaient vraiment formidables pour travailler avec eux. Cependant, l'emploi du temps était très chargé, ce qui rendait difficile l'accès à l'école et au travail.

Trent : Qu'est-ce que tu fais maintenant dans ton nouveau boulot ?

Jared : Je travaille dans la vente de technologie. C'est dans un centre d'appels. C'était un peu difficile au début, mais maintenant j'ai l'habitude de parler à des étrangers au téléphone.

Trent : Oh, ça a l'air génial. Quand avez-vous commencé votre nouveau travail ?

Jared : Je suis chez Techmerica depuis le 1er octobre. Tu as des projets de pause ?

Trent : Je planifie un voyage de snowboard à Aspen. Tu devrais venir si tu n'es pas trop occupé par ton nouveau boulot.

Jared : Oh, ça a l'air amusant ! Merci pour l'invitation.

WINTER BREAK

Trent: Hey Jared, if you're ready to go just throw your all of your stuff in the trunk and ride in the front seat.

Jared: Alright, Trent. Thank you for giving me a ride home. Usually my parents pick me up, but they had to work late tonight.

Trent: No worries, I'm glad I could help.

Jared: By the way, when is our next basketball game?

Trent: It is sometime after winter break, but anyways it's a long time from now. Have you made any plans for the break though?

Jared: Not really. Other than going to basketball practice, I'll just be working.

Trent: Working? Did you get a new job or are you still working at Twisters?

Jared: Well, Twisters was a good first job and the people were really great to work with. However, the schedule was very demanding which made it difficult to go to school and work.

Trent: Well, what are you doing now at your new job?

Jared: I am working in technology sales. It's at a call center. It was a little difficult at first, but now I am used to talking to strangers on the phone.

Trent: Oh, that sounds great. When did you start the new job?

Jared: I have been with Techmerica since October 1st. Do you have any plans for break?

Trent: I am planning a snowboarding trip to Aspen. You should come if you're not too busy at the new job.

Jared: Oh, that sounds like fun! Thank you for the invitation.

37. Visite Chez Le Docteur – Visiting The Doctor

Docteur : Bonjour, Amy.

Amy : Bonjour, docteur.

Docteur : En regardant vos informations, je vois que vous avez commencé à vous sentir fatigué il y a environ un mois, puis que vous avez commencé à avoir des migraines.

Vous avez aussi eu des maux d'estomac et de la fièvre ?

Amy : Non, docteur.

Docteur : Laissez-moi faire un examen physique rapide.

Respirez profondément, retenez votre souffle, puis expirez. Encore une fois, s'il vous plaît.

Avez-vous apporté des changements à votre régime alimentaire récemment en raison d'une fluctuation de votre poids ?

Amy : J'ai perdu cinq livres récemment, mais je n'ai pas du tout changé mon régime alimentaire.

Docteur : Par hasard, souffrez-vous d'insomnie ?

Amy : C'est difficile pour moi de m'endormir quand je vais me coucher. Je me réveille aussi beaucoup la nuit.

Docteur : Buvez-vous ou fumez-vous des cigarettes ?

Amy : Non.

Docteur : Il semble que vous ayez une pneumonie. En dehors de cela, je ne vois pas d'autres problèmes. Pour l'instant, reposez-vous et faites de l'exercice.

Je vais vous donner une ordonnance pour la pneumonie. Êtes-vous allergique à certains médicaments ?

Amy : Pas que je sache.

Docteur : D'accord, d'accord. Prenez ce médicament trois fois par jour après avoir mangé.

Amy : Merci, Docteur.

Docteur : Vous êtes les bienvenus.

Visiting The Doctor

Doctor: Good morning, Amy.

Amy: Good morning, Doctor.

Doctor: Looking at your information, I see that you started feeling tired about a month ago, and then you started having migraines.

You have also had an upset stomach and fever?

Amy: No, doctor.

Doctor: Let me do a quick physical checkup.

Please take a deep breath, hold your breath, and then exhale. One more time please.

Have you made any changes to your diet or seen fluctuation in your weight recently?

Amy: I lost five pounds recently, but I haven't changed my diet at all.

Doctor: By chance do you suffer from insomnia?

Amy: It is difficult for me to fall asleep when I go to bed. I also wake up a lot during the night.

Doctor: Do you drink or smoke cigarettes?

Amy: No.

Doctor: It appears that you have pneumonia. Besides that, I do not see any other problems. For now, get some rest and do some exercise.

I am going to give you a prescription for the pneumonia. Are you allergic to any medications?

Amy: Not that I am aware of.

Doctor: Alright. Take this medication three times a day after you eat.

Amy: Thank you, Doctor.

Doctor: You are welcome.

38. Le Marche – The Market

Laura : Joy, avant que maman ne parte au travail ce matin, elle m'a demandé d'aller faire des courses. Le problème, c'est que je dois finir mon projet scolaire. Tu peux venir pour moi ?

Joy : J'en ai fini avec mes corvées, alors je peux aller au magasin pour toi. Qu'est-ce que maman voulait que tu achètes ?

Laura : En plus du poulet, du poisson et des légumes, nous pouvons acheter tout ce que nous voulons pour les collations et le petit déjeuner. Elle voulait que j'achète assez de provisions pour toute la semaine.

Joy : Y a-t-il quelque chose en particulier que vous voulez pour le petit déjeuner ?

Laura : Je suppose que du porridge comme d'habitude.

Joy : Je ne veux pas de gruau tous les jours. J'achèterai des pancakes et du sirop alors.

Laura : Si vous pouvez le trouver, procurez-vous les nouvelles crêpes sans gluten dans la section santé. Je veux voir si ça a un goût différent.

Joy : Y a-t-il encore assez de café et de crème pour maman et papa ?

Laura : Oui, c'est vrai. En fait, vous devriez aussi acheter du lait. On est presque sortis de là.

Joy : Ensuite, qu'est-ce que tu veux en collation ?

Laura : Des chips me conviendraient. Vous voulez probablement vos biscuits au chocolat.

Joy : Me connaître moi-même, c'est probablement mieux que j'écrive toutes ces choses, sinon je les oublierai d'ici à ce que j'arrive au marché. Je détesterais avoir à faire deux voyages !

THE MARKET

Laura: Joy, before mom left for work this morning she asked me to go grocery shopping. The problem is that I need to finish my school project. Can you go for me?

Joy: I am finished with my chores, so I can go to the store for you. What did mom want you to buy?

Laura: Besides chicken, fish and vegetables, we can buy whatever else we want for snacks and breakfast. She basically wanted me to buy enough groceries for the entire week.

Joy: Is there anything specific you want for breakfast?

Laura: I guess some oatmeal as usual.

Joy: I don't want oatmeal every day. I will buy some pancakes and syrup then.

Laura: If you can find it, get the new gluten free pancakes in the health section please. I want to see if it tastes any different.

Joy: Is there still enough coffee and cream for mom and dad?

Laura: Yes, we do. In fact, you should buy some milk also. We almost out of it.

Joy: Next, what do you want for snacks?

Laura: Some chips would be fine with me. You probably want your chocolate cookies.

Joy: Knowing myself it's probably better that I write all these things down or else I will forget them by the time I get to the market. I would hate to have to make two trips!

39. Trouvons Un Appartement – Let's Get An Apartment

Patrick : Hey, Josh. Qu'est-ce que tu fais ici ?

Josh : Je cherche un appartement à louer. Qu'est-ce que tu fais ici ? Vous cherchez aussi un appartement ?

Patrick : Oui. La maison de mes parents est très loin, alors j'aimerais trouver un appartement plus près de l'école et de mon travail.

Josh : Ok, c'est logique. Je n'ai pas encore décidé si je veux rester dans les dortoirs ou avoir mon propre appartement.

Patrick : Alors, qu'est-ce que tu cherches ?

Josh : Je n'ai pas besoin de grand-chose pour être honnête. Tout ce dont j'ai besoin, c'est d'un endroit assez grand pour mon lit et mon bureau. Bien sûr, il a besoin d'une cuisine pour que je puisse préparer mes repas et économiser un peu d'argent.

Patrick : C'est ce que je cherche aussi. Je ne peux pas travailler à temps plein comme je l'ai fait pendant l'été. Je vais passer la majeure partie de mon temps à étudier, donc je ne pourrai pas travailler autant. Tout ce dont j'ai besoin, c'est d'un endroit sûr, calme et propre.

Josh : L'autre problème est de payer un appartement entier pour moi. La plupart des endroits que j'ai vus sont très chers.

Patrick : As-tu pensé à partager un appartement ? Si vous voulez, nous pouvons trouver un appartement de deux chambres à coucher et le partager. C'est peut-être moins cher comme ça.

Josh : Cela pourrait résoudre notre problème. Tu veux l'essayer ?

Patrick : Oui, ça pourrait être une bonne idée. Allons vérifier celui-là et voir s'il nous plaît.

LET'S GET AN APARTMENT

Patrick: Hey, Josh. What are you doing here?

Josh: I am looking for an apartment to rent. What are you doing here? Are you looking for an apartment also?

Patrick: Yes. My parents' house is really far away so I'd like to find an apartment that is closer to school and my job.

Josh: Ok, that makes sense. I still haven't decided if I want to stay in the dorms or get my own apartment.

Patrick: So, what are you looking for?

Josh: I don't need much to be honest. All I need is a place big enough for my bed and desk. Of course, it needs to have a kitchen so that I can cook my meals and save a little bit of money.

Patrick: That sounds like what I'm looking for too. I can't work full-time like I did during the summer. I will be spending most of my time studying so I won't be able to work as much. All I need is something safe, quiet and clean.

Josh: The other issue is paying for an entire apartment for myself. Most places I have seen are very expensive.

Patrick: Have you thought about sharing an apartment? If you want, we can find a two-bedroom apartment and share it. It may be cheaper that way.

Josh: That could solve our problem.

Josh: Do you want to try it?

Patrick: Yes, that could be a great idea. Let's go check this one out and see if we like it.

40. Le Stand De Concesssion – The Concesssion Stand

Simon : Il y a un stand de nourriture là-bas. Vous voulez quelque chose ?

Rien pour moi, merci. J'ai déjà ma bouteille d'eau.

Keith : Je veux un sac de chips et une bière fraîche. Tu es sûre que tu ne veux pas de hot-dog, Danielle ?

Danielle : J'en suis certaine. Ma mère prépare un bon steak et je veux m'assurer que je ne mange pas trop ici.

Keith : Danielle, tu as de la chance d'avoir une si bonne cuisinière pour une mère. Simon, tu dois goûter sa tarte aux myrtilles un de ces jours. Honnêtement, il n'y a pas de meilleure tarte dans toute cette ville.

Danielle : En fait, ma mère fait sa tarte aux myrtilles ce soir ! Si tu veux, je te garderai un morceau, Simon.

Simon : Ne me taquine pas avec du bon temps ! J'adorerais ça.

Et toi, Keith ? Un morceau de gâteau pour toi aussi ?

Simon : Keith, tu ferais mieux d'aller chercher tes collations et ta bière maintenant si tu les veux encore. Il est presque 15h00, et le spectacle va commencer.

Keith : Dernière chance d'avoir quelque chose. Vous êtes sûrs de ne rien vouloir ?

Danielle : Je suis sûre, merci Keith.

Simon : Moi non plus, Keith.

Keith : Ok, garde ma place et je reviens tout de suite.

THE CONCESSION STAND

Simon: There is a food stand over there. Do you two want anything?

Danielle: Nothing for me, thanks. I already have my bottle of water.

Keith: I want a bag of chips and a cold beer. Are you sure you do not want a hot dog, Danielle?

Danielle: I am quite sure. My mom is cooking a good steak dinner, and I want to make sure I don't eat too much here.

Keith: Danielle, you are so lucky to have such a good cook for a mother. Simon, you have to taste her blueberry pie one of these days. Honestly, there's no better pie in this whole town.

Danielle: In fact, my mom is baking her blueberry pie tonight! I you would like, I will save you a piece, Simon.

Simon: Don't tease me with a good time! I would love that.

Danielle: How about you, Keith? A piece of cake for you too?

Simon: Keith, you better get your snacks and beer now if you still want them. It is almost 3:00PM, and the show is about to start.

Keith: Last chance to get something. Are you guys sure you don't want anything?

Danielle: I am sure, thank you Keith.

Simon: Me neither, Keith.

Keith: Ok, save my seat and I will be right back.

41. Dejeuner – Lunchtime

Emily : Tricia, je peux emprunter ton portable pour appeler ma mère après le déjeuner ?

Tricia : Oui, bien sûr, Emily. N'oublie pas de lui dire bonjour.

Maira : Emily, tu peux me passer le poivre, s'il te plaît ?

Emily : Certainement, vous êtes là.

Maira : Et le sel aussi, s'il te plaît. Je vous remercie.

Emily : Il n'y a pas de quoi.

Tricia : Ça vous dérange si on s'arrête à la librairie Strand sur le chemin du cinéma ?

Emily : Non, pas du tout.

Maira : J'ai entendu dire qu'ils ont une nouvelle sélection de livres, alors j'aimerais bien passer voir ça.

Tricia : J'ai commandé trop de nourriture. Quelqu'un veut goûter à ma nourriture ?

Emily : Oui, j'en voudrais bien. Ça a l'air délicieux.

Tricia : Et toi, Maira ?

Maira : Non, merci. J'ai déjà assez à manger.

Emily : Tricia, tu veux goûter une de mes fajitas ?

Tricia : Oui, s'il vous plaît.

Emily : Voilà pour toi. Vous en voulez un autre ?

Tricia : Oh, c'est plus que suffisant ! Je vous remercie.

Maira : J'imagine que nous avons tous fini de manger ? Nous devrions partir maintenant pour éviter la circulation, sinon nous serons en retard.

Tricia : Je suis prêt à partir quand vous le serez tous.

Emily : Moi aussi. Allons-y.

LUNCHTIME

Emily: Tricia, May I borrow your cell phone to call my mother after lunch?

Tricia: Yes, of course, Emily. Don't forget to tell her we said hello.

Maira: Emily, could you pass the pepper, please?

Emily: Certainly, here you are.

Maira: And the salt too, please. Thank you.

Emily: You're welcome.

Tricia: Would either of you mind if we stop by Strand Bookstore on the way to the movie?

Emily: No, not at all.

Maira: I heard they have a new book selection so I would love to stop by and check it out.

Tricia: I ordered too much food. Would anybody care to try some of my food?

Emily: Yes, I would like some. It looks delicious.

Tricia: How about you, Maira?

Maira: No, thank you. I have enough food already.

Emily: Tricia, would you like to taste one of my fajitas?

Tricia: Yes, please.

Emily: Here you go. Do you want another?

Tricia: Oh, that is more than enough! Thank you.

Maira: I imagine we are all finished eating? We should leave now to avoid the traffic; otherwise we will be late.

Tricia: I am ready to leave whenever you all are.

Emily: So am I. Let's go.

42. La Recherche d'un Emploi – Searching For A Job

Matilda : Salut Paolo, c'est bon de te voir.

Paolo : Pareil pour moi, Matilda. Ça fait longtemps que je ne t'ai pas vu la dernière fois.

Matilda : Oui, la dernière fois qu'on s'est vus, c'était à Halloween. Comment ça se passe ?

Paolo : Je vais bien. Ce serait mieux si j'avais un nouveau travail.

Matilda : Pourquoi chercher un nouvel emploi ?

Paolo : Eh bien, j'ai eu mon diplôme la semaine dernière. Maintenant, je veux trouver un emploi dans le domaine des finances.

Matilda : Vous êtes à la recherche d'un nouvel emploi depuis un certain temps ?

Paolo : J'ai commencé cette semaine.

Matilda : Vous avez préparé un CV, n'est-ce pas ?

Paolo : Oui.

Matilda : Je ne m'inquiéterais pas alors. Vous avez beaucoup d'ambition et je sais que vous mettrez toute votre énergie pour obtenir ce que vous voulez. De plus, le marché du travail est très bon en ce moment, et toutes les entreprises ont besoin d'analystes financiers.

Paolo : Je l'espère. Merci pour le conseil.

Searching For A Job

Matilda: Hi Paolo, it is good to see you.

Paolo: Same here, Matilda. It has been a long time since I last saw you.

Matilda: Yes, the last time we saw each other was around Halloween. How is everything?

Paolo: I am doing OK. It would be better if I had a new job.

Matilda: Why are looking for a new job?

Paolo: Well, I graduated last week. Now, I want to get a job in the Finance field.

Matilda: Have you been looking for a new job for a while?

Paolo: I just started this week.

Matilda: You have prepared a resume, right?

Paolo: Yes.

Matilda: I wouldn't worry then. You have a lot of ambition and I know you will put all of your energy into getting what you want. Besides, the job market is really good right now, and all companies need financial analysts.

Paolo: I hope so. Thank you for the advice.

43. Entretien d'emploi – Job Interview

Hugh : Bienvenue Zach. Commençons l'entretien. Vous êtes prêts ?

Zach : Oui, je le suis.

Hugh : Super. Tout d'abord, permettez-moi de me présenter correctement. Je suis le responsable logistique de l'entreprise. Je dois combler un poste de niveau d'entrée dès que possible.

Zach : Merveilleux. Pouvez-vous me parler un peu du poste et de vos attentes ?

Hugh : Le nouvel employé devra travailler en étroite collaboration avec le département de fabrication. Il est également nécessaire de traiter quotidiennement avec la banque.

Zach : Quel type de qualifications exigez-vous ?

Hugh : J'exige un diplôme universitaire de quatre ans en administration des affaires. Une expérience professionnelle antérieure serait utile.

Zach : Quel genre d'expérience recherchez-vous ?

Hugh : Le travail de bureau général est bien. Je n'ai pas besoin de beaucoup d'expérience. Il y aura une formation en cours d'emploi pour la bonne personne.

Zach : C'est génial !

Hugh : Quelles sont vos forces ? Pourquoi devrais-je vous engager ?

Zach : Je suis une personne qui travaille dur et qui apprend vite. J'ai très hâte d'apprendre et je m'entends très bien avec tout le monde.

Hugh : D'accord. Ça ne vous dérange pas de travailler de longues heures, n'est-ce pas ?

Zach : Non, ça ne me dérange pas du tout.

Hugh : Pouvez-vous supporter la pression ?

Zach : Oui. Quand j'allais à l'école, je suivais 5 cours par semestre tout en travaillant au moins vingt-cinq heures par semaine.

Hugh : Avez-vous des questions pour moi en ce moment ?

Zach : Non, je pense que j'ai une assez bonne compréhension du travail.

Hugh : Ok, Zach, c'était sympa de te rencontrer. Merci d'être venus.

Zach : Ravi de vous avoir rencontré aussi. Merci de me recevoir.

JOB INTERVIEW

Hugh: Welcome Zach. Let's start the interview. Are you ready?

Zach: Yes, I am.

Hugh: Great. First of all, let me properly introduce myself. I am the company Logistics Manager. I need to fill an entry-level position as soon as possible.

Zach: Wonderful. Could you tell me a little bit about the position and your expectations?

Hugh: The new employee will have to work closely with the manufacturing department. There is also a requirement to deal with the bank on a daily basis.

Zach: What type of qualifications do you require?

Hugh: I require a four-year college degree in business administration. Some previous work experience would be helpful.

Zach: What kind of experience are you looking for?

Hugh: General office work is fine. I do not require a lot of experience. There will be on the job training for the right person.

Zach: That is great!

Hugh: What are your strengths? Why should I hire you?

Zach: I am a hard-working person and a fast learner. I am very eager to learn, and I get along fine with everyone.

Hugh: Alright. You do not mind working long hours, do you?

Zach: No, I do not mind at all.

Hugh: Can you handle pressure?

Zach: Yes. When I was going to school, I took 5 courses each semester while working at least twenty-five hours every week.

Hugh: Do you have any questions for me at this time?

Zach: No, I think I have a pretty good understanding of the job.

Hugh: Ok, Zach it was nice meeting you. Thank you for coming.

Zach: Nice meeting you too. Thank you for seeing me.

44. Faire Une Presentation – Giving A Presentation

Sally : Je devrai faire une présentation sur le réchauffement climatique vendredi, et je suis tellement nerveuse.

Olga : Il y a beaucoup de choses que tu peux faire pour te sentir plus confiante et moins nerveuse.

Sally : Que dois-je faire, Olga ?

Olga : Avez-vous fait vos recherches sur le sujet ?

Sally : En fait, j'ai fait beaucoup de recherches sur le sujet et je sais que je peux répondre à presque toutes les questions que je recevrai du public.

Olga : Assurez-vous de créer un plan de votre présentation.

Sally : Vous avez raison. Cela m'aidera à organiser toute l'information.

Olga : Oui. Il vous aidera à déterminer ce qui doit se présenter en premier, deuxième, troisième....

Olga : Bonne idée ! Il est important d'avoir des faits à l'appui de votre présentation. Vous voulez que la présentation soit crédible.

Sally : Je vais le faire tout de suite ! Je vous remercie.

Olga : Vous allez avoir une excellente présentation.

GIVING A PRESENTATION

Sally: I will have to give a presentation on global warming on Friday, and I am so nervous.

Olga: There are a lot of things you can do to make you feel more confident and less nervous.

Sally: What should I do, Olga?

Olga: Have you done your research on the topic?

Sally: In fact, I have done a lot of research on the subject, and I know I can answer almost any questions I will receive from the audience.

Olga: Make sure to create an outline of your presentation.

Sally: You're right. This will help me organize all of the information.

Olga: Yes. It will help you figure out what should present first, second, third...

Olga: Good idea! It is important to have facts to support your presentation. You want the presentation to be credible.

Sally: I'm going to do that right now! Thank you.

Olga: You're going to have a great presentation.

45. Ceremonie Solemnelle – Graduation

Liz : C'est un merveilleux bouquet de fleurs. C'est pour qui ?

Annie : Ces fleurs sont pour ma sœur Silvia. Elle est diplômée aujourd'hui.

Liz : Ça a dû te coûter une fortune.

Annie : J'ai payé soixante-dix dollars pour eux.

Liz : C'est assez cher.

Annie : Ma sœur a travaillé très les quatre dernières années pour son diplôme. Pour moi, dépenser autant d'argent en vaut la peine.

Liz : C'est très gentil de ta part. J'aimerais qu'on soit diplômés aujourd'hui. C'est tellement excitant !

Annie : Nous n'avons plus que trois ans et nous aurons fini aussi. On sera diplômés avant de s'en rendre compte. Le temps passe très vite.

GRADUATION

Liz: That is a wonderful bouquet of flowers. Who is it for?

Annie: These flowers are for my sister Silvia. She is graduating today.

Liz: It must have cost you a fortune.

Annie: I paid seventy dollars for them.

Liz: That is quite expensive.

Annie: My sister worked very the last four years for her degree. To me spending that amount of money on her is worth it.

Liz: That is very nice of you. I wish we were graduating today. This is so exciting!

Annie: We only have another three years and we will be done also. We'll be graduating before we realize it. Time goes by very fast.

46. Halloween – Halloween

Eli : Peux-tu croire que demain c'est Halloween Allison ? Le temps passe si vite ! Nous sommes aujourd'hui le 30 octobre ! Avez-vous déjà décidé quel costume vous voulez porter ?

Allison : Je suis encore indécis. Je veux porter soit un costume de grille-pain, soit un costume de rappeur gangster. Je me suis toujours demandé pourquoi c'est une tradition de se déguiser pour Halloween.

Eli : Se déguiser rend la célébration de la fête beaucoup plus amusante !

Allison : Oui, je me souviens m'être beaucoup amusée l'année dernière quand maman m'a emmenée dans une tenue de chat. Tu sais ce que tu veux être, Eli ?

Eli : Je veux un écureuil !

Allison : C'est une idée géniale !

Eli : Super ! Donc tu seras un rappeur gangster et je serai un écureuil. Allons demander à maman si on peut aller à la chasse aux bonbons demain soir tout seuls.

Allison : Ok, allons demander à maman !

HALLOWEEN

Eli: Can you believe that tomorrow is Halloween Allison? Time goes by so fast! Today is October 30th! Have you already decided what costume you want to wear?

Allison: I'm still undecided. I want to wear either a toaster costume or a gangster rapper costume. I have always wondered why it's a tradition to dress up for Halloween.

Eli: Dressing up makes celebrating the holiday much more fun!

Allison: Yes, I remember having a lot of fun last year when mom took me around in a cat outfit. Do you know what you want to be yet, Eli?

Eli: I want to a chipmunk!

Allison: That's a great idea!

Eli: Great! So you will be a gangster rapper and I will be a chipmunk. Let's go ask mom if we can go trick-or-treating tomorrow night by ourselves.

Allison: Ok, let's go ask mom!

47. Dans Un Hôtel – At A Hotel

Réceptionniste à l'hôtel : Bonsoir

Eli : Bonjour, Ma femme et moi avons besoin d'une chambre pour la nuit. Par chance, en avez-vous un disponible ?

Réceptionniste à l'hôtel : Vous avez une réservation ?

Eli : Malheureusement, nous n'avons pas de réservation.

Réceptionniste à l'hôtel : Ok. Je vais voir ce qu'on a. On dirait que vous avez de la chance. Il ne nous reste qu'une chambre.

Eli : Excellent. Nous avons conduit toute la journée et nous sommes très fatigués. On a juste besoin d'un endroit pour se détendre pour le reste de la nuit.

Réceptionniste à l'hôtel : Cette pièce devrait faire l'affaire alors. C'est une chambre confortable avec un lit grand format et une cuisine complète.

Eli : Combien pour la nuit ?

Réceptionniste de l'hôtel : C'est 179 $ pour la chambre. Y a-t-il quelqu'un d'autre qui reste dans la pièce avec vous ?

Eli : Il n'y a que nous deux. Je sais qu'il est tard le soir, mais y a-t-il un restaurant ouvert à proximité ?

Réceptionniste à l'hôtel : Il y a un restaurant ouvert une heure de plus à l'hôtel. Voulez-vous payer la chambre avec une carte de crédit ?

Eli : Oui. Voilà pour vous.

Réceptionniste à l'hôtel : Je vous remercie. Vous êtes tous prêts. Profite du reste de la nuit.

At a Hotel

Hotel Receptionist: Good evening.

Eli: Hello, good evening. My wife and I need a room for the night please. By chance do you have one available?

Hotel Receptionist: Do you have a reservation?

Eli: Unfortunately, we do not have a reservation.

Hotel Receptionist: Ok. Let me check and see what we have. It looks you're in luck. We have only one room left.

Eli: Excellent. We have been driving all day and we're very tired. We just need a place to relax for the rest of the night.

Hotel Receptionist: This room should do just fine then. It is a cozy room with a king size bed and full kitchen.

Eli: How much is it for the night?

Hotel Receptionist: It's $179 for the room. Is there anyone else staying in the room with you?

Eli: It's just the two of us. I know that it's late at night, but is there any restaurant open nearby?

Hotel Receptionist: There's a restaurant open for another hour in the hotel. Do you want to pay for the room with a credit card?

Eli: Yes. Here you go.

Hotel Receptionist: Thank you. You're all set. Enjoy the rest of the night.

48. Un Étudiant Étranger – A Foreign Student

Drew : Bonjour, êtes-vous Mme McNamara ?

Mrs. McNamara : Oui, je le suis. Vous devez être Drew. Nous vous attendions.

Drew : Je devais arriver il y a deux jours, mais mon vol pour la Colombie a été retardé.

Mrs. McNamara : Eh bien, je suis heureuse que vous l'ayez fait en toute sécurité, c'est ce qui est le plus important. Voulez-vous du thé ?

Drew : J'adorerais en avoir, si ce n'est pas trop de problèmes. Vous avez une belle maison.

Mrs. McNamara : Merci. Nous avons quitté la Colombie pour la Californie il y a cinq ans et nous avons décidé d'acheter cette maison. Nous l'aimons absolument.

Drew : Je t'ai apporté un cadeau.

Mrs. McNamara : Oh, tu n'aurais pas dû. C'est un magnifique collier. Je vous remercie. Combien de temps resterez-vous ici ?

Drew : De rien. J'ai l'intention de rester en Californie pendant cinq mois pour pratiquer l'anglais. Je suis vraiment excitée d'aller à l'école anglaise et d'apprendre.

Mrs. McNamara : Eh bien, laissez-moi vous montrer votre chambre et vous pourrez vous détendre. Vous devez être fatigué de tous ces voyages.

A Foreign Student

Drew: Hello, are you Mrs. McNamara?

Mrs. McNamara: Yes, I am. You must be Drew. We have been expecting you.

Drew: I was supposed to arrive two days ago, but my flight out of Colombia was delayed.

Mrs. McNamara: Well, I'm glad that you made it safely, that's is what is most important. Would you like some tea?

Drew: I would love some, if it's not too much trouble. You have a beautiful home.

Mrs. McNamara: Thank you. We moved to California from Colombia five years ago and decided to buy this house. We absolutely love it.

Drew: I brought you a gift.

Mrs. McNamara: Oh, you shouldn't have. This is a beautiful necklace. Thank you. How long will you be here for?

Drew: You're welcome. I plan to stay in California for five months to practice speaking English. I am really excited to go to the English school and learn.

Mrs. McNamara: Well, let me show you your room and you can relax. You must be tired from all of the traveling.

49. Atermoiement – Procrastination

Scottie : Avez-vous déjà rédigé votre rapport de recherche ? C'est dans deux semaines.

Meredith : Non, je n'ai pas encore commencé à travailler dessus. J'ai tout le temps de le faire la semaine prochaine.

Scottie : Je me souviens très bien de ce que vous avez dit la semaine dernière et la semaine d'avant. Puisque vous avez tellement de temps libre pendant les vacances, vous devriez le faire.

Meredith : Le problème, c'est que j'ai du mal dans ce cours et je pense que j'aurai peut-être besoin d'un tuteur. Sinon, je risque d'échouer tout le cours.

Scottie : J'ai une solution. Arrête de penser à obtenir de l'aide et trouve-toi un tuteur.

Meredith : Vous avez raison. J'ai besoin d'être proactif et d'obtenir de l'aide. Je commence à chercher demain.

Scottie : Demain ? Non, tu dois en trouver un aujourd'hui !

Meredith : Je sais, je plaisante, c'est tout. Je vais le faire aujourd'hui.

PROCRASTINATION

Scottie: Have you written your research report yet? It's due in two weeks.

Meredith: No, I haven't started working on it yet. I have plenty of time to do it next week though.

Scottie: I distinctly remember that's what you said last week and the week before that. Since you have so much free time during the holiday you should get it done.

Meredith: The problem is that I am struggling in that class and I think I might need to get a tutor. Otherwise I might fail the entire class.

Scottie: I have a solution. Stop thinking about getting help and get a tutor.

Meredith: You're right. I need to be proactive and get help. I start looking tomorrow.

Scottie: Tomorrow? No, you have to find one today!

Meredith: I know, I'm just kidding. I will do it today.

50. Ou Est Mon Frere – Where's My Brother

Carissa : Je ne trouve pas mon petit frère, Daniel. Je pensais qu'il était juste derrière moi et maintenant il a disparu. S'il vous plaît, aidez-moi.

Officier de police : Il a dû se perdre dans la foule. Il y a beaucoup de gens qui magasinent pour les fêtes. Quel genre de vêtements porte-t-il ?

Carissa : Il a une veste bleue et un short noir. Il n'a que 5 ans.

Officier de police : Je crois l'avoir vu entrer dans la loge. Laisse-moi vérifier. Il a les cheveux blonds ?

Carissa : Oui. Vous l'avez trouvé ?

Officier de police : Non, ce n'était pas lui. Allons voir le magasin de jouets d'à côté.

Carissa : Il adore jouer avec Legos, j'aurais dû y penser !

Officier de police : Je vois beaucoup d'enfants partout. L'un d'eux est-il votre frère ?

Carissa : Daniel ! Te voilà, ne t'éloigne plus jamais comme ça ! Tu m'as fait une peur bleue !

Officier de police : S'il vous plaît, gardez un œil sur lui pour que ça ne se reproduise plus. Ça peut être dangereux de se promener tout seul.

Carissa : Tu as raison. Je m'occuperai mieux de le surveiller.

Officier de police : D'accord, d'accord. Maintenant va chercher tes parents et passe une bonne journée.

Carissa : Merci officier pour toute votre aide.

Where's My Brother

Carissa: I can't find my little brother, Daniel. I thought he was right behind me and now he's missing. Please help me.

Police officer: He probably got lost in the crowd. There are a lot of people shopping for the holidays. What kind of clothes is he wearing?

Carissa: He has a blue jacket and black shorts. He's only 5 years old.

Police officer: I think I saw him go into the dressing room. Let me check. Does he have blonde hair?

Carissa: Yes. Did you find him?

Police officer: No, that was not him. Let's check the toy store next door.

Carissa: He loves playing with Legos, I should have thought of that!

Police officer: I see a lot of children everywhere. Are any of them your brother?

Carissa: Daniel! There you are, don't you wander off like that again! You scared me to death!

Police officer: Please keep an eye on him so that this doesn't happen again. It can be dangerous wandering around all by himself.

Carissa: You're right. I will take better care of watching him.

Police officer: Alright. Now go find your parents and have a good day.

Carissa: Thank you officer for all of your help.

Conclusion

Well reader, we hope that you found these dual language dialogues helpful. Remember the best way to learn this material is through repetition, memorization and conversation.

We encourage you to review the dialogues again, find a friend and practice your Spanish by role playing. Not only will you have more fun doing it this way, but you will find that you will remember even more!

Keep in mind, that every day you practice, the closer you will get to speaking fluently.

You can expect many more books from us, so keep your eyes peeled. Thank you again for reading our book and we look forward to seeing you again.

About the Author

Touri is an innovative language education brand that is disrupting the way we learn languages. Touri has a mission to make sure language learning is not just easier but engaging and a ton of fun.

Besides the excellent books that they create, Touri also has an active website, which offers live fun and immersive 1-on-1 online language lessons with native instructors at nearly anytime of the day.

Additionally, Touri provides the best tips to improving your memory retention, confidence while speaking and fast track your progress on your journey to fluency.

Check out https://touri.co for more information.

Other Books By Touri

FRENCH

French Short Stories for Beginners (Volume 1): 10 Exciting Short Stories to Easily Learn French & Improve Your Vocabulary

French Short Stories for Beginners (Volume 2): 10 Exciting Short Stories to Easily Learn French & Improve Your Vocabulary

SPANISH

Spanish Short Stories for Beginners (Volume 1): 10 Exciting Short Stories to Easily Learn Spanish & Improve Your Vocabulary

Spanish Short Stories for Beginners (Volume 2): 10 Exciting Short Stories to Easily Learn Spanish & Improve Your Vocabulary

Intermediate Spanish Short Stories (Volume 1): 10 Amazing Short Tales to Learn Spanish & Quickly Grow Your Vocabulary the Fun Way!

Intermediate Spanish Short Stories (Volume 2): 10 Amazing Short Tales to Learn Spanish & Quickly Grow Your Vocabulary the Fun Way!

Conversational Spanish Dialogues: 50 Spanish Conversations and Short Stories

100 Days of Real World Spanish: Useful Words & Phrases for All Levels to Help You Become Fluent Faster

100 Day Medical Spanish Challenge: Daily List of Relevant Medical Spanish Words & Phrases to Help You Become Fluent

ITALIAN

Conversational Italian Dialogues: 50 Italian Conversations and Short Stories

ONE LAST THING...

If you enjoyed this book or found it useful, we would be very grateful if you posted a short review on Amazon.

Your support really does make a difference and we read all the reviews personally. Your feedback will make this book even better.

Thanks again for your support!

Free French Video Course

200+ words and phrases in audio
you can start using today!
Get it while it's available

https://touri.co/freefrenchvideocourse-french-dialogues/

www.ingramcontent.com/pod-product-compliance
Lightning Source LLC
Chambersburg PA
CBHW072019110526
44592CB00012B/1372